अपने अन्तर्मन से
सहवास के कुछ क्षण

Of communion with one's inner core

अचला कुकरेती

ISBN 979-8-89133-920-0

Cover photo credit: Sugato Das @unfocussed lens//google

सूची क्रम

पूर्व कथन

जब भी आप कुछ मन में गहरे उतर कर सोचते हैं; या कुछ आप के अंतस् को न भुला पाने या ना उबर पाने की गहराई तक छू जाता है तो शब्द अक्सर छोटे, अक्षम और कितना भी प्रयास करो गूंगे के स्वाद के वर्णन सम, पूर्णता से कई सीढ़ी नीचे ही ठिठक जाते हैं। फिर भी कविता में शायद उस रस को बयान करने की सामर्थ्य गद्य से अधिक होती है, या यों कहिये कि गहराई में अनायास उतरना कविता की आदत है।

जीवन के अनेक पड़ावों पर संजोने योग्य, हृदय को बींधने वाले क्षणों की थाती हैं ये कविताएँ। जीवन के तीस--चालीस वर्षों से अधिक की यात्रा का फल हैं ये।

'परम सहवास' जैसी कविता तब लिखी गई जब घर-परिवार, काम सबसे दूर दो-तीन दिन अनजान लोगों के बीच रहने का अवसर मिला। अपने आप से मिलने के अवसर जिंदगी में कम ही मिलते हैं। जीवन और मरण दो समय ऐसे होते हैं जो आप का गूढ़ सत्यों से परिचय कराते हैं। 'माटी की देह', 'अनमोल क्षण', 'जीवन ललक' कुछ ऐसी ही कविताएँ हैं। कुछ कविताएँ मन के उल्लास की हैं, तो 'क्यों' और 'चिंतन मनन' में पारंपरिक छंदों को आधार बनाया गया है। दो कविताएँ, 'हर एकल देव

महादेव' और 'हमारा दुलार' संतानों के जीवन की किसी विशेष घटना के अवलोकन से संबद्ध हैं।

कविताएँ अधिकतर मूलतः हिंदी में हैं और साथ साथ उनका अंग्रेज़ी अनुवाद भी दिया गया है। अंतिम कुछ कविताएँ इस प्रकार की हैं कि उन का भाव हिंदी में ही पूर्णता पाता है अतः उनको अनुवाद मुक्त रखा गया है।

परम सहवास के क्षण

परम सहवास वे कविताएँ हैं जो समय समय पर अपने अंतर्मन से सहवास में जाने को बाध्य करती रही हैं। कभी प्रकृति, कभी कोई विशेष परिस्थिति मन को छूती है तो शब्द कविता मय हो कर मन में कल्लोल करते हैं। यह उमंग जब उठती है तो न समय, न स्थान कुछ भी दिखते नहीं। डूब गए तो डूब गए, बह गए तो बह गए।

कभी जन्म, कभी मरण, कभी सुख, कभी दुख, कभी व्यक्ति, कभी समष्टि, कभी मनुषय, कभी जीव जन्तु, कौन कब किस घड़ी मन का द्वार खटखटा दे कहा नहीं जा सकता। इन्द्रिय गम्य भी, इन्द्रिय से परे भी जहाँ विचरण है वही परम सहवास है।

ऐसे ही परम सहवास के क्षणों के कुछ अनुभवों की कविताएँ इस अंश में दी गई हैं।

1

परम सहवास

एकाकी होने का एहसास...

सहला जाता है मन को

एकाकी होने का एहसास

यह एहसास कि इस पल में हम

निर्विकार अचिन्त्य अकाम

वास्तव में सत् की परिभाषा

से साकार हो जाते हैं।

सत्य केवल यह पल है,

अन्य निरर्थक

इस पल में जीवन है

अगले का क्या छोर!

स्वप्न में मानो चल रहे

किसी अनजान क्षितिज की ओर

स्वयं से साक्षात्कार के ये पल मित्र,

बड़े निराले बहुत अनूठे

आत्मा से परमात्मा होते

और पुनःआत्मा होते पल

मित्र, सच!

परमात्मा क्यों कर पाता

इस पल का एहसास

मिलन का परम सुख

प्रेम की असीम परिणति

यह मनुष्य का अपने

अन्तर्मन से सहवास।

Mating Sublime

The feeling of being in solitude caresses me

The feeling of being the only-one, alone

The feeling that in this moment

Shorn of shape, thought and desire

One Evolves in to the definition of truth.

Truth is only this moment

Others are meaningless

This moment there is life,

Unknown is the extent of the next.

One walks as if in a dream

Towards an unknown horizon

Friends, these moments of

Coming alive to one's own self

Are so precious, so unique

Moving from Atma to the Divine

And returning to being Atma again

Truly friend!

How could even God experience this moment!

The sublime bliss of this mating

This boundless culmination of love

This communion of self

With its own inner being.

2
मेरा गीत

मैं खुशी का गीत गाना चाहती हूँ

मैं बहती थिरकती पवन से कदम मिलाना चाहती हूँ

मैं सूर्य को अपने अस्तित्व में अनुभूत करना चाहती
हूँ

मैं चाहती हूँ चंद्र किरण पर विचरण करना

पेड़ों और टीन की छत पर गिरती

वर्षा की ध्वनि से खेलना चाहती हूँ

मैं बच्चे की किलकारियों को गल बहियाँ डालना
चाहती हूँ

और दुख देने वाले अश्रु को मिटाना,

मैं हवा के तेज़ झोकों के साथ शोर मचाना चाहती हूँ

और मंद समीर के साथ उड़ना, यहाँ वहाँ चहुँ ओर

हरे हरे पत्ते पर ओस की बूँद बन गिरना चाहती हूँ

ओह! यह खुशी ज़िंदा होने की

ज़िंदगी की!

जिस काल के अंतराल ने

मुझे गोदबिठाया है

मैं उसकी चिरंतनता और असीम संभावनाओं को

सहेजना चाहती हूँ।

और भले ही हों क्षुद्र से क्षुद्रतर व अकिंचन

अपने हस्ताक्षर इस सदैव पुनर्नवा

सदैव गतिशील पटल पर अंकित करना चाहती हूँ।

My Song

I want to sing the song of joy

I want to match my step

With the flowing dancing stream

I want to feel the light

Of the sun in my being

And want to ride a moon beam

I want to play with the sound of rain

Falling on the trees and

Tapping its feet on the tin sheds

I want to embrace

The gurgling laughter of the little child

And wipe away that hurtful tear

I want to howl with the strong wind

And fly with the breeze

Here There Everywhere

Drop like the

dew on every green leaf

Oh!

What a joy to be alive!

To hold eternity, limitless possibilities in this small
time wrap that nestles me

I want to ink my signature howsoever small and
insignificant on this endless canvass

Which is ever evolving, ever fresh.

3

माटी की देह

वह देखो - शीत, शांत, निस्पंद

माटी में मिली मिट्टी की देह

क्या यह वही देह है जो रुई के फाहे सी जन्मी थी
इक दिन,

पूरे जीवन के असंख्य क्षणों का स्वप्न लिए

मां के मालिश उबटन करते हाथों को

हुलसा जाती थी जो,

वो नर्म सेम्हल के तकिये सी गुदगुद देह.

मृगछौने सी कोमल देह

उषा के खग कलरव सी किलकारी भरती देह

फिर यौवन के द्वार खड़ी खिलती सी देह

रेशमी छुअन के एहसास सी सिमटी लिपटी देह

सावन की धूप सी दहकती दमकती देह

शिशिर की सूर्य किरण सी अलसाती सकुचाती देह

समर्पण की अभिलाषा में छलक छलक जाती

रूप रस गंध स्पर्श ध्वनि की प्रतिमूर्ति देह

फिर आईने में अपने ही रूप पर अचंभित होती देह

क्षीण जीर्ण विदीर्ण जर्जर

स्नेह - रिक्त दीपक सी बुझती हुई देह

अपनों के लिये बोझ, स्वयं के लिये अभिशाप हुई देह

पंच द्वार बंद हुए आंगन में पड़ी देह

माटी में लो फिर मिली आज एक मिट्टी की देह

From Dust to Dust

See there cold, silent, motionless

The body made of dust has gone back to dust

Is it the same form that was born one day like a
small swab of cotton,

Carrying the dream of uncountable moments of
one whole life?

Is it the same body that was such a delight for the
massaging, scrubbing hands of the mother?

The body soft as the downy pillow

The body tender as the fawn

The body full of merry gurgling, like the chirping of
the birds at dawn

And then the blossoming body

Standing at the threshold of youth.

The cocooning, entwining body

Which felt like the touch of silk

The body sizzling, glowing

Like The sun in the month of Sawan.

The body lazy and shy

like the sun rays in the season of Shishir

Overflowing in the desire for surrender

It becomes the embodiment of

vision, touch, sound, smell and taste.

....

Then bewildered at its own reflection

In the mirror

Weakened, withering, ravaged and hollow

The body is like the flickering lamp

bereft of oil.

And then becoming a burden for one's own

and a curse for the self

The five doors closed,

The body lies in the open.

Once again today,

the body of dust goes back unto dust.

४
पंखुड़ियाँ गुलाब की

लो फिर टूट गिरी इक पंखुड़ी गुलाब की

टूटते, बिखरते रिश्तों को एक ग्रहण और लगा

सुनहले रुपहले फ्रेमों में जड़ी खुशियों की तस्वीरों पर

धूल की एक पर्त और चढ़ी

मौसम कुछ ऐसा बदला कि

खिली खिली धूप पर

कोहरा और गहरा गया

शब्दों के दंश यूँ मन में चुभे

सिगड़ी में दबाए गए अँगारे फिर दहक उठे

हाथों के स्पर्श से जब मरहम की शीशी छूट गई

वाणी के नर्म फाहे जब चुक गए

निश्चित था घाव भरे नहीं,

जो गहरे थे और गहराते गए।

Rose Petals

Lo there falls another petal from the rose!

Weakening, disintegrating relations

Face another eclipse

The happy pictures encased in gold and silver
frames

Got buried deeper under another layer of dust

The weather changed in such a way that

Streaming bright sunshine was swallowed

by darkness of thickening fog

When the heart was hit

by shrapnel of words

The buried embers were rekindled in to live coals

As the supply of soft lint of soothing words stopped,

The ointment of gentle touch slipped out of hand

It was certain that the deep wounds never healed

They could dig only deeper.

5

मैगापिक्सल छायांकन

जीवन के अगणित कर्मों के मीत अनगिनत

स्मृतियों के विशाल पटल पर चित्र कुरंगल

कुछ खट्टे, कुछ मीठे, कुछ तीखे और कुछ कुरमुरे

कुछ नर्म मुलायम, कोमल पर्तों के भीतर सहेजे सिमटे

कुछ बताशों से खिल खिल।

हर चित्र में नए नटवर

कुछ अंतरंग, कई चीन्हे पहचाने

कुछ धूमिल सी चादर को हटाने पर ही दृष्टिगत

हर पदचिह्न हृदय पर अंकित

हर संबंध मनकी अद्वितीय संरचना

कॉपी-पेस्ट के युग में

मन का ही है मैगा पिक्सल छायांकन

अभूतपूर्व, अथाह---अनोखा---अंतहीन----

Megapixel Photography

Uncounted mates in life's innumerable tasks

Run deer-like on this massive screen of memory

Some sour, some sweet, some sharp and some
crunchy

Some soft and tender cocooned and enveloped
amid soft layers

Some open and laughing like the sugary bites----

New players in each picture

Some very close, some familiar and known

Some others revived only when

Searching under the dusty haze

Each footstep engraved in my heart

Each relation, a unique composition of the soul

In these times of copy - paste

Only the soul has the megapixel camera

That clicks images non-stop ...

...Real...

Flowing ---- deep ---- and endless ----

6

मैं जीवन का गीत स्वयं

जीवन के हर राग को सुनो

इसकी हर आनंदातीत लय पर झूमो

इस सर्वव्यापी वीणा के हर सुर को छेड़ो

कहीं न कहीं तुम्हारा संगीत,

तुम्हारी तान....... तुम्हारा स्वर,

एकसार होगा

सभी सुरों के एकात्म में

फिर भी वह सुर जो तुम हो, तुम से तुम तक

इतना अनूठा अपनी संरचना में

गूँज उठेगा तुम्हारे तन में तुम्हारे मन में

और तुम्हारी आत्मा के कण कण में

जीवंत हो चहक उठेगा जीवन की अनंत राहों में

गलियों में, वीथियो में

सभी प्राणियों की परिछाया में

और एक पुच्छल तारा बन चमक जाएगा

इस छोर से उस छोर तक

बन कर आनंद की सुगंध जिहवा से परे स्वाद,

अनुभूति से भी हल्की छुअन के एहसास सा,

आत्मसात कर लेगा समस्त विश्व को

अनिवर्चनीय, अनुपम, संपूर्ण

शाश्वतता से परे

My Ode to Life That Is Me

Listen to every Raśa of life

Sway to every beat of its blissful rhythm

Play every note of that all-pervasive harp

Somewhere your music, your rendition, your voice

Will be in unison with all,

Yet a song that is you, unto you

So unique in its composition

Echoing in your body and mind and every breath
of your soul

Taking the shadow of every living being

It will come alive in all paths and nooks

And corners of this life

And will leave a streak of light like a comet

From this end to the other

And become a fragrance of delight,

A taste beyond the tongue

A touch so light which can only be sensed

will envelope the whole universe.

INEXPLICABLE.... COMPLETE.... FOREVER.... and......
BEYOND

7

नया शो

━━◑◦ ✦ ◦◐━━

दृश्य बदला, दुनिया बदली

नई कहानी नए कलाकार

नए रचनाकार, नए गीतकार

और न जाने क्या-क्या नया!

किंतु मंच तो वही पुराना है

पुराने काले परदे

पुरानी लाइटें पुराने आर्कलैम्प

कितनी नई छायाएँ बनाएँ

इस पुराने चाक पर

कितने नये आकार बनाएँ

फिर भी हर दिन की नई छाया

हर दिन का नया बर्तन

हर दिन की नई खड़कन

हर कहानी का नया शो

फिर वही उल्लास, वही आशा, वही आकांक्षा

वही इंतज़ारी, वही बेक़रारी

क्लाइमैक्स का इंतज़ार---

और फिर वही अंत।।।

एक भरतवाक्य,फिर पटाक्षेप़...

फिर भीड़ की चुहल, कर्मेंट

और हर मोड़ पर विनिमय और टिप्पणियाँ

फिर मौन एवं रिक्तता

जिस में समायी कल की तैयारी

नये दिन के नए शो की

New Show

The scene changed, the world changed

New stories, New actors

New writers, new lyricists

And don't know

What else new

But it is the same old stage

Same black curtains

Old lights, old arc lamps

How many new images can be created?

How many new shapes to be moulded

On the same old potter's wheel!

Yet each day makes a new shadow

Every day there is a new pot

Every day rattles a new sound

A new show for every story

Again the same enthusiasm, the same hope, the
same wishes,

The same waiting, the same restlessness

The wait for the climax,

And then 'The End' ....

One bharat vakya, then Curtains.

Then the crowds talking, Comments...

At every turn exchange of notes, remarks,

Followed by silence and emptiness

That holds within it,

The preparation for the morrow.

For a new day, a new show.

8

पुण्यांचल की ओर

चलो चलें उस वन में जहाँ निर्झर गीत सुनाता हो

विहग जहाँ अब भी पेड़ों पर निर्भय ही आ जाता हो।

वृष्टि जहाँ टप-टप गिरती हो उजले काले मेघों से

पंख सफ़ेद पसारे पक्षी उड़ते जाते ऊँचे मन से।

एकांत जहाँ छिप कर बैठा हो बाँसों के संगीत तले

चंदन वन मिल जाएँ जहाँ, पर सर्पों के नहीं दंश चलें।

पर्वत जहाँ धवल धवलाकर आसमान को छूते हों

मनु को गिरने देते न हों विप्लव में भी सेते हों।

चलो चलें उस घर में जहाँ प्रेम का राज्य निराला हो

स्व और पर मिल कर रहते हों ना कोई पहरे वाला हो।

आओ रचें उस पुण्यांचल को प्रकाश जहाँ सतरंगा हो

स्पर्श-रस-रूप-गंध-ध्वनि खिलें जहाँ पर

हर हृदय भाव - रस सिंचित प्लावित हो।

Towards the Sacred Abode

Come let us walk in to those woods where the brook
still sings a merry song

Where the bird still nests on the trees, fearless and
free

Where the rain falls drop by drop from the grey and
silver clouds

Where swans with their white wings widespread

Scale heights not yet scaled by the mind

Where solitude sits in hiding

Under the strains of music from the bamboo trees.

Where sandalwood grows

unaccompanied by the venomous snakes

And never allow Manu to fall but save him from in
every disgrace

Come let us walk into that home

Where love reigns supreme unthwarted

Where the self and the other

blend in harmony not needing to be guarded

Come let us create that sacred abode

Where, in light, all seven colours are seen

Where sights, sounds, smells touch and taste
abound

And fill and overflow in every heart.

९
चरैवेति चरैवेति

किसी पत्ते के खड़कने पर

कोई ध्वनि कोई सरसराहट

आभास कराती है

किसी न किसी अनजान साथी के होने का।

वह साथी, जो कहीं वृक्ष पर, धरती पर

जल में या आकाश पर

अपनी गति, अपनी चाल

अपने अस्तित्व की पूर्णता में

जी रहा है एक संपूर्ण जीवन।

चाहे कुछ पलों का, दिनों का या अनेक वर्षों का

पर उसकी धड़कन उसका स्पंदन

कहीं मेरे साथ एकाकार है।

हम सभी इस विशाल सृष्टि से चल देंगे एक दिन

किन्तु मेरा कोई साथी

कल्पना के नभ पर उड़ कर

अभिलाषा के जल में तैर कर

ऊहापोह के दलदल में फँस कर

दुखों की तपती रेत में सरक कर

शांति की हिमावृत पहाड़ी पर रेंग कर

संदेश देगा

जीवन की

अनंतता का

सनातनता का

अनश्वरता का

विशालता का

तब मेरा छोटा सा जीवन

उस अनंत सनातन अनश्वर धागे में

मोती सा पिरोया जाएगा...

Moving on Moving On

The rustling of a leaf,

some sound, some wriggling

gives the indication

of the presence of some unknown companion

That co-traveller, who somewhere on the tree,

On the ground, in water or in the sky

Moving at its own gait and its own pace

Is living a full life.

Complete in its existence.

Which could be for a few moments,

Days or several years.

But its heartbeat, its vibration

Is one with me.

We shall all leave this universe one day

But some mate of mine

Flying in the sky of imagination

Swimming in the waters of desire

Getting caught in the

Quicksands of indecisiveness

Slithering in the hot sands of sorrow

Moving on the snow-capped mountains of peace

Shall convey the spirit of Life

Its eternity

Its continuity

Its deathlessness

Its magnitude

And that day

this bead like miniscule life of mine

Will be threaded in to that perennial, imperishable,
undying thread.

कुछ अनुभव कुछ सत्य कुछ यथार्थ

जीवन पटल पर कुछ न कुछ चलता ही रहता है। कुछ नियमित क्रम, कुछ रोज़मर्रा की जिंदगी, फिर भी कुछ सत्य, कुछ घटनाएँ जान कर, देख कर स्वतः प्रतिक्रिया या प्रश्न जगते हैं। 'हमारा दुलार' में नातिन के प्रथम जन्मदिन पर उसको देख कर उमड़े उद्गार हैं तो 'हर एकल महादेव' बालक की उस विस्मित दृष्टि से उद्भूत हैं जब उसका गुब्बारा छीने जाने पर जीवन के प्रथम संघर्ष से सामना हुआ। इन प्रश्नों, प्रतिक्रियाओं, विस्मय, सत्य से मुलाकात, स्नेह और चुहल को अपने में समेटे हुए कविताएँ इस भाग में हैं।

10
क्यों

कलियाँ चटकी क्यों?

भँवरे भटके क्यों?

तट डूबे क्यों?

क्योंकि गहरा उफ़ान था

सागर में हिलोर क्यों?

बादल में कड़क और कौंध क्यों?

हृदय में मंथन और आलोड़न क्यों?

क्यों कि ऊँचा लक्ष्य था

पत्ता मुरझाया क्यों?

चट्टान भुरभराई क्यों?

नदी की थिरकन अलसाई क्यों?

क्योंकि यथार्थ से सिर टकराया था।

Why

Why did the buds open?

Why did the bumble bee lose its way?

Why did the banks drown?

Because the overflow was from the great depths

Why the waves in the ocean?

Why thunder and lightening in the clouds?

Why, the spinning and churning in the heart?

Because the aim was high

Why did the leaves wrinkle?

Why did the rock crumble? Why did the dancing
steps of the river slow down?

Because the head got banged against reality.

11

रोको इस मुस्कान को

अब इस मुस्कान को ओठों पर बिखरने से पहले

इजाज़त लेनी होगी।

मन की मर्ज़ी नहीं चलेगी।

ख़ुशी को, खुलेपन को, आत्मीयता को,

पहचानने-चीन्हने की आदत को रोकना होगा।

इस अनायास बरबस मुस्कराने को रोकना ही होगा

यह क्या कि अकारण छोटी-छोटी बातों पर,

छोटी-छोटी ख़ुशियों में खुश हुए और मुस्करा दिए।

मुस्कराने के कारण और मक़सद ढूँढने होंगे,

इनमें कुछ व्यंग कुछ हिकारत जोड़नी होगी

इस में कुछ ज़हर नहीं तो कुछ अर्थ तो भरने ही होंगे,

जिस से इक कमज़ोरी न समझा जाए

इस मुस्कान को।

कि ख़ुशी और हँसी को

गँवई और अविकसित होने का पर्याय न मान लिया
जाए।

कि स्वयं के अकिंचन होने का

प्रतिरूप न होने दो इस मुस्कान को

Stop This Smile

Now this smile will have to seek permission

Before it spreads on the lips.

The desire of the heart will not be allowed.

Happiness, openness, closeness

This habit of showing familiarity, of recognizing

Will have to be stopped.

An end will have to be put

To this sudden spontaneous smile

What is this, feeling happy for no reason,

and smiling for small things, in small joys?

You will have to search for

reasons and meaning in smiling.

You will need to add some ridicule

and some condescension to it

If not poison, then at least some

innuendo will have to be added

So that this smile is not seen as a sign of weakness,

So that happiness and smiles are not treated as

synonyms of being backward or a bumpkin.

Do not let this smile be treated as a sign of your
lowliness.

12

सत्य

सत्य लकड़ी की चिड़िया की आँख नहीं

छोटी, पर स्थिर एक टक, कि अर्जुन उसे भेद लेगा

सत्य तो वो चक्रव्यूह है जिसे देखना चाहते हैं सभी

पर अपने, अपने चश्में पहन कर

इसका हर द्रष्टा अभिमन्यु है

जिसे इसका एक छोर तो ज्ञात है

किंतु दूसरे छोर को पकड़ पाना असंभव है

जब ना जाने कितनी आँखें देख रही हैं

उसे संरचना के किस किस स्तर से,

किस छोर से

इसी लिए आज का सत्य व्यूहो में छुप गया है

और हर अभिमन्यु उसे खोज रहा है

अपने हर हथियार से

अपने ही पक्ष में।

Truth

Truth is not the eye of the wooden bird

Small but still, unblinking,

Such that Arjun's arrow would pierce it.

Truth is that Chakravyuha (labyrinth)

Which everyone wants to see

But through their own spectacles

Its each spectator is an Abhimanyu

Who knows its one end,

But is impossible to find the other end

When you do not know how many eyes

Are looking at it from

Which level of its structure

and from which angle.

Truth these days is hidden in

complex webs

and each Abhimanyu is searching for it

with his own weapon

In his own favour.

13
एक दिन

कैसे बीत गया एक दिन

एक दिन नहीं, एक जीवन

क्षण भर में तुम मृत घोषित हो गए

मृत........

केवल श्राद्ध, तर्पण, पिंडदान के अधिकारी

किंतु पराश्रित

यदि तर्पण हो तो...

यदि पिंडदान कोई करे तो....

श्राद्ध की कोई आवश्यकता समझे तो

सभी अधिकारों के लिए तुम लड़ सकते हो

पर इस अधिकार के लिए तुम लड़ नहीं सकते

उस के लिए तुम्हारा जीवित होना ज़रूरी है

तुम चुक गए.. अंत हो गए..

तुम्हारे सब अधिकारों की अन्त्येष्टि हो गई....

....

कहते हैं ......

अधिकारों के लिए अपने कर्तव्यों को पूर्ण करो

किंतु जीवन का गणित

सदैव दो और दो चार का नहीं होता

दो और दो सौ, हज़ार, लाख का ही नहीं

शून्य का भी हो सकता है।

One Day

How that day got over

Not just one day, but one life

In a moment you were declared dead

DEAD

Fit only for the rites of the dead

Shraaddha, Pind daan, absolution

But.... Dependent on others.

Only if absolution is done

If someone thinks of Pind daan

If someone feels the necessity of Shraaddha

You can fight to claim all your rights,

But these rites and rituals, you cannot fight for.

For claiming all rights it is essential to be alive

You just got over you were just finished

The last rites of all the rights got over

....

It is said that to demand your rights

You have to fulfill your duties

But in the mathematics of life

Two and two do not always add up to four

They do not only add up to hundred, thousand, a million

But may even add up to a ZERO.

14
कुनबों का संसार

कोख किराए पर चढ़ी

बीज बिका बाज़ार

इस जीव की क्या करूँ गिनती

जो चील कौओं सा ही निराधार

कितनी योनियों में घूमा

कहाँ खोजूँ पृष्ठाधार

जन्म मरण के लेखे जोखे

का कौन रख पाया बहीसार

मेरी कितनी पीढ़ियाँ जानूँ मैं

क्या जानूँ उन के पीछे का संसार

कही की ईंट कहीं का रोड़ा जोड़ जोड़

भानुमती का कुनबा जुड़ा

कितने जीव, कितने कुनबे

अलग-अलग आकार

रंग-रूप चेहरे

रहें रल मिल या लड़ झगड़

यही सब कुनवों का सार

बीज और कोख में सृष्टि बसी

जुड़ा सब कुनबों का संसार

The World of Families

The womb is on rent

The seed is for sale in the bazaar

Of what value do I count this living

Which is more baseless

Than that of the crow and the kite.

In how many yonis has this Jeeva travelled

Where do I trace its origin

Who can post

the book of accounts of lives and deaths

Gathering bricks and stones

from here, there and every where

Bhanumati created a family

How many species! How many families!

Varied shapes, colours, appearance, faces

Living in harmony or discord

This is the essence of families.

...

Between the womb and the seed

the whole creation resides

The families join together and make this world.

15

पेड़ दूब फूल

पेड़ फुनगी फुनगी यों उगता है

जैसे मन में इच्छाएँ---

कुछ दबी ढकी, कुछ घूँघट खोले

कुछ निर्बंध मन पर छा जाएँ

पोर पोर घनघोर कर जाएँ

बारिश बाद दूब यों चटकती है

ज्यो ईर्ष्या द्वेष घृणा की काष्ठाएँ,

मन की मिट्टी में रहें

शान्त, दुबकी, उनींदी

पर एक चिनगारी पाते ही

झट भड़कें धधक जाएँ

फूल डाली डाली यों खिलता है

जैसे मुस्कान को देख

मुस्कान छलक जाए

ख़ुशी जैसे संक्रामक हो

और हँसी सब कुछ सराबोर कर जाए

और सारी वादी हँसे और खिलखिलाए।

(पत्रिका हंस में प्रकाशित)

Tree Grass Flowers

The tree grows tendril by tendril

Like the desires in every heart

Some fully covered, some peeping out

from behind the veils, while

Some gallop in mind unreined

Invading the whole being, every vein.

The grass sprouts everywhere after the rains

Just as a small spark can stir

the firewood of hatred, jealousy, envy

Lying quiet, hidden, sleepy underneath;

That flares up all over in to all consuming flames

Flowers bloom on every bough

As one smile triggers

another to overflow

Just as joy infects every being

and laughter pervades all

and the whole valley

chuckles with peals of laughter.

16
मूल्यों का अर्थशास्त्र

सच्चाई के, ईमानदारी के, सभ्यता संस्कृति के दलालों
ने

इनके कई शेयर लिख दिए थे

मेरे नाम बचपन में

सोचा था यह पूंजी को बढ़ाएगी

पूंजी दिन दूनी रात चौगुनी हो जाएगी

और इसे सुख की नींद नसीब हो जाएगी

पर मैने बाज़ार में जा कर देखा

मेरे शेयरों का कोई मूल्य नहीं

पकड़ूँ किन दलालों को?

वो तो पहले ही दीवालिया हो गए

बाज़ार के रंग देख कर अपनी दुकान बढ़ा गए

समय की नब्ज़ ठीक से पकड़ नहीं पाए वो

बाज़ार का उतार चढ़ाव पढ़ नहीं पाए वो,

घाटे का सौदा मेरे माथे मढ़ा था

फिर भी ठगी सी यही आस लगाए खड़ी हूँ

कि कभी तो इनका भाव बढ़ेगा

शायद कल फिर इनके ख़रीदार आएँगे ------

The Economics of Values

In my childhood, the underwriters of

Truth, Honesty, Culture and Civillization

had written many shares of these in my name

Thinking that she would increase it manifold

And would be blessed with peaceful sleep

On entering the market,

I found that my shares had no value.

Which brokers do I catch?

They had already become bankrupt

Looking at the mood of the market

They had closed shop.

They were unable to read the nerve of time.

Loss making stocks were written in my name

And even though in loss, I am still hopeful

That someday their value will increase

Perhaps there will be buyers for them

Again tomorrow ......

17
जीवन की धूप बाती

नीचे दबे बीजों को फिर से कुरेदो

फिर नए अंकुर खिलाओ

मृतप्राय हुए इंसानों में जो नया प्राण दे फूँक

ऐसा नया विहान लाओ

धन के, मद के, कुर्सी संपत्ति के

अर्थ के अनर्थ के, विकास और विपत्ति के

साधन अब जुटा लिये बहुत

प्यास है कि बुझती ही नहीं मृगतृष्णा के ताल तलैया
से

सुख संतोष से सगर पुत्र तर जाएँ जिससे

भगीरथ बन ऐसी एक सुरसरि फिर से बहाओ

विज्ञान के, ज्ञान के प्रकाश के

संप्रेषण के नए अंतरिक्ष आकाश के

अनुसंधान ही पर्याप्त नहीं अब,

मन पर छाए विषाद अवसाद की

कलुषता भेद सके जो

जीवन की उस चहक-महक की धूप बाती फिर से
जलाओ

यदि चाहते हो दर्द बाँटें

तुम मेरा मैं तुम्हारा

और कुछ क्षण साँस ले,

सकल-एकल मिल देखें सपने दोबारा

तो फिर मन में रोपो प्रेम, मित्रता, भईचारा

और स्वार्थ और अहम् से बंजर हुए हृदयों में

बहुजन-हिताय सर्व जन सुखाय के चौक

फिर से पुरवाओ, फिर से पुरवाओ!

The Light and Incense of Life

Dig deep for the seeds sown

And let them sprout afresh

Let there be a new dawn

That infuses a new life

In the near dead human beings.

The ways and means to riches, power,

Chair, wealth, boom and waste,

danger and destruction

you have amassed aplenty

The ponds and lakes formed by mirages

Are unable to quench this thirst.

Once again become a Bhagirath

to bring the Ganga that will

bring about the absolution

of Sagar - Putras of sukh and contentment.

Researches in the field of science, light of

knowledge, the new universe and the sky of

communication will not suffice now.

Ignite the incense of the hustle bustle of life

That will demolish the darkness of sorrow and

sadness that engulfs the minds

If you wish that we share the sorrows,

I yours and you mine

And one and all breathe and again dream together

Then sow in your hearts

Love, friendship and brotherhood

And decorate

the courtyard of hearts turned fallow

due to selfishness and ego with the Rangoli

of wellbeing of humanity at large,

For the happiness of all.

18
अनमोल क्षण

ये जो क्षण होता है न!

ज़िंदगीऔर मौत के बीच का

ये बहुत सी संभावनाओं का बीज होता है।

रिश्तों का गढ़ना पकना

गुंधना बेमानी होना होता है।

यह क्षण, जो दिन के उजाले

और रात के अंधेरे को

बराबर तुलाओं में भर कर खड़ा होता है।

और अपलक हम देखते हैं

इस का झुकना ढुलकना

इक ओर।

एक क्षण, जो भविष्य और अतीत को

एक साथ ला खड़ा करता है

--- वर्तमान में---

हम केवल उस पल के

साक्षी हैं।

उस एक क्षण में जीते हैं

कहाँ से कहाँ तक।

अनंत जीवन अनंत मौतें

कैद हो गईं उस क्षण में।

ज़िंदगी का झरोखा!

अपनों की कसौटी,

क्षमा, दया, अनकही बातों,

पश्चाताप के अनझरे आँसुओं का

पुलिंदा होता है ये क्षण!

प्रतीक्षा बस यही,

कि ज़िंदगी और मौत में---

किसे गले लगाता है ये क्षण

The Precious Moment

You know! this moment that you have

Between life and death

It is a seed for immense possibilities

It is the forming, simmering

Kneading and worthlessness of bonds.

This moment that holds the light of the day

And the darkness of night

In equal balance.

We see it unblinkingly

Moving, bending

to one side.

One moment which brings on the same platform

The future and the bygones together in the

Present

We are a witness to that spec of time

In that moment

We live in time that stretches

Between unknown beginnings and ends.

Innumerable lives uncountable deaths

Are held in that one moment

The window to life

The test of one's own

A sheaf of pardon, kindness,

unsaid words and unshed tears of repentance

Is this moment.

Waiting only to see

Which of the two between life and death

is embraced by this moment.

19

जीवन ललक

जीवन की ललक बड़ी तीव्र होती है

जिजीविषा हर बीज में छिपी होती है

उसे किसी पैमाने से मापा नहीं जा सकता

वरना वह छोटा सा बीज

कैसे विशाल धरती का सीना फाड़ कर

उस पर अपना साम्राज्य बना लेता है।

कैसे ज़रा सा निरीह जीवाणु

अंड के मज़बूत कवच को तोड़

गिरता पड़ता बाहर आ जाताहै।

वाहर आ कर भी हर क्षण

जूझता अपने अस्तित्व के लिये।

रोग - जरा - मृत्यु के ताप

कभी जीवन से बड़े न हुए।

कोई कोना, कोई आँगन, कोई कोख

कोई मनु

कोई मत्स्य

खोज ही लेता है जीवन

अपने लिये।

Life's Yearning

The yearning of Life for itself is so strong

It cannot be measured by any scale

The desire to survive

Is innate in every seed.

Otherwise look how that small seed

Tears the crust of earth

And creates its own kingdom.

How that hapless life breaks open

The strong armour of the shell that envelopes it.

And tripping and falling crawls out of it.

The fears of death disease and old age

are never bigger than life.

Life manages to find for itself

Some corner, some courtyard, some womb

One Manu

One Matsya.

20

सीखना - सिखाना

सिखाना क्या है? जीवन जीना सिखाना है

आकाश-पाताल की ऊचाइयों,गहराइयों, बनावटों का,

सत्य एवं असीम संभावनाओं का गणित सिखाना है

प्रेम और मनुष्यता की भाषा समझना सिखानाहै

हृदयों के बीच की सीमा रेखाओं को लाँघ कर

घर-पड़ोस की बाड़ों को आपस में बतियाना,

संग रहना सिखाना है।

खुद बढ़ना, औरों को बढ़ने देना सिखाना है

गिराना नहीं, गिरे हुओं को कंधा दे कर

एक और एक ग्यारह कर देना सिखाना है

अपनी ध्वजा का मान रख

वसुधैव कुटुंबकम् का झंडा फहराना है

यथार्थ की ज़मीन पर पैर जमा कर

आँखों के सपने साकार करना सिखाना है

शहरी मोल और गाँव की हाट को

गलबहियाँ डाल चलना सिखाना है।

चाहे सोने का बना हो थाल या पत्तलों का

दाँतकाटी रोटी का रिश्ता समझाना है

जल धरती आकाश अग्नि वायु से बनी

अपनी इस अनोखी संरचना के मूल का

मान व संरक्षण करना सिखाना है।

जिह्वा को सत्यम् ब्रूयात् प्रियम् ब्रूयात् का पाठ पढ़ाना
है

कानों को खोल कर हर वाणी हर सुर

हर ध्वनि हर संगीत को सुनना सिखाना है।

औरों से कहने-सुनने के कई पलों के बीच

अंतस् के पन्नों को बाँचना सिखाना है।

जीवन के गहरे पानी में पैठ कर

हर एक को अपना अनमोल हस्ताक्षर खोज लाना

उसे सजाना सँवारना सिखाना है

सीखने, खोजने सँवारने को

जीवन का पर्याय बनाना है।

Learning and Enabling

What is to be taught?

Enabling learning to live life.

To enable learning of facts of

the height, depth and shape of

the sky and the core of the earth.

To teach mathematics of

limitlessness of possibilities

To help learn the language of

love and humanity

Crossing over the boundaries of hearts

Help the neighbouring hedges

To talk and live with each other.

To learn to grow oneself and help others to grow

Not to push others out, but help the fallen

get on their feet

such that one and one become eleven.

To hoist the flag of one world

while keeping aloft one's own flag.

To learn to realize one's dreams with feet firmly
rooted on the grounds of reality

To help the city malls and the village markets

To learn to walk arm in arm.

What if the plate is made of gold

or made of leaves

Helping them understand the value of bread
broken together.

To learn to value and conserve

this unique structure

based on the earth, sky, water, air and fire.

To teach the tongue, the lesson of speaking the truth
and speaking pleasantly.

Helping the ears to open to each voice, every note
every sound, all music.

To help learn to turn and view the pages of the inner
self

In between many moments of listening and talking
to others.

To help each one to delve into deep waters

And search for one's very own signature

And to hone and embellish it.

Such that learning, searching, improving

Become the synonyms of life.

21
घुसपैठिया बारिश

ऊँचे वृक्षों की सुईदार नोकों से

बूँद-बूँद टपकती बारिश

पर्वत पर बादल के घर से

सजधज कर देखो निकली बारिश

दूर पहाड़ पर टिके, ऊँचे पर बने

घरों से हलचाल पूछती, बतियाती आती बारिश

चिमनियों से निकलते धुएँ से

टकराती, इठलाती आती बारिश

पेड़ पौधों को नहला - धुला सँवार सजाती बारिश

देवदार, चिनार, चीड़ के पत्तों से

खेलती, शोर करती, हुइदंग मचाती बारिश

दूर कहीं जल रहे बल्ब को मद्धिम

करती बारिश

चुपके से छत की कमज़ोर कड़ी के रस्ते

कमरे में टपक - टपक आ जाती बारिश

खुली खिड़कियों में से जबरन ज़ोर दिखा कर

जहाँ तहाँ घुसपैठ मचाती बारिश

ना जाने क्यों तन आँगन नयनों के संग

मन को भी रस - भीना गीला गीला कर जाती बारिश।

22

चिंतन मनन

(1)

शब्दों की मत पूछ रे मनवा

कभी गले के हार

कभी हथियार बन गए

शांत हास के साथ जो मन से निकले थे

मंज़िल तक पहुँचते पहुँचते

पता ही न चला कब अंगार बन गए

(2)

कथनी को जब मिला

थोड़ा सा सम्मान

मन गदगद बयार हो चला

शब्दों की नौका पर हो सवार

भावों का स्वस्ति वचन

स्वतः ही छंद बन गया।

(3)

कौरोना के काल में

मास्क के जंजाल में

ज़िंदगी थम सी गई है

जैसे औक्टोपस के इतने अंगों को कोई क़ैद कर दे

टीवी हो तो रंगीन पर ट्रांसमिशन केवल श्वेत श्याम
हो

अंग तो हों पर कार्यहीन हों

साथी तो हो पर संग नहीं हो

साँस तो हो पर संकुचित हो

होठ तो हों पर चुंबन नहीं हो

जीवन तो हो पर अनुभूत नहीं हो

रस तो नौ हों पर केवल भय का ही राज हो

(4)

नारी जीवन में बढ़ी ऊँची मार छलांग

पुरुषों पर भारी पड़ी कई कई फ़र्लांग

कई कई फ़र्लांग वो बढ़ी जो आगे

स्त्री पुरुष के संबंधों के नए नए बंधने लगे धागे

कौन बड़ा है की मानो होड़ लगी है

झुकें नहीं चाहे टूटें की हवा चली है

क्यों नहीं समझते सामंजस्य में सृष्टि समाई

जीवन कोई दौड़, कोई होड़ नहीं है।

(5)

धरती वैश्विक गाँव बन गई

दिन में कारज करने वाला बना निशाचर

समय रास्ता भटक कर मानो पूछता है

कितने घंटे का दिन कितने घंटे की रात

ऋतुएँ सब देखो रली मिली हैं

हवाओं पर है दबाव औरबादल भूल गया

अब मैं कहाँ करूँ छिड़काव

धरती भी है सोच में

सूर्य के प्रकाश की क्यों मैं जोहूँ बाट

जब चौबीसों घंटे बारह मासी

तारों सी सज रही बारात।

(6)

जीवन बदला दुनिया बदली

बदल गया ये भेस

पर मन का ना मैल मिट सका

ख़ुशियों पर डाले खेस

ख़ुशियों पर डाले खेस

हँसी अब व्यंग बन गई

सीधा था जो छंद अब द्वंद्व बन गया

कह अचला मन के हास को बनवास दे दिया

जब केवल होठों तक सीमित हास

गद्दी पर आसीन हो गया।

23

हमारा दुलार

तुम एक साल की हो गईं

मेरी गुग्गू मेरी गुड़िया जो नन्ही सी छोटी सी आई थी

एक आस बन कर

क्या है क्या है कह कह कर

मानो सारी दुनिया की जानकारी हासिल करने निकली है.

Five little monkeys,

Wheels on the bus

और लकड़ी की काठी को ध्यन से देखती सुनती

और उनपर अपने अंदाज़ में अभिनय करती तुम

घूम घूम कर कभी अपने हाथ को

कभी कागज़ के टुकड़े को फ़ोन बनाकर

न जाने किस से क्या क्या बात करती तुम

अपने छोटे छोटे हाथों से ताली बजाती तुम

दौड़ दौड़ कर गिरती, फिर उठ कर

सारी खुली जगह को मानो मापती चल देती तुम

दूसरों के चप्पल जूतों में विशेष दिलचस्पी रखती

पर अपने जूतों के जंजाल को झट से फेंक

उस से मुक्त हो जातीं तुम

घूम घूम कर पूरी दुनिया को शायद फ़तह करने
निकलीं तुम

हमारे मन पर तो छवि अंकित,

ताली बजाती, झूमती डगमग चाल चलती तुम

स्नेह के कितने गागर तुम पर उड़ेल दूँ

मन मस्तिष्क पर भीनी भीनी

मधुर मधुर दस्तक देती मुस्कान हो तुम

हमारा स्नेहाशीष, हमारा दुलार हो तुम

24
हर एकल देव महादेव

कैसे खोज रहे हो तुम हर अनचीन्हा पटल

अपनी विस्मित दृष्टि से।

धरती को माप रहे हो अपने पैरों की शक्ति

और विस्तार को संभालते हुए, आँकते हुए

और विजयी भाव से लाँघते हुए।

अपने संरक्षण की सीमित परिधि में

जिस के केन्द्र तुम हो

किंतु तुम्हारी आँखों में वह प्रश्न

तुम्हारी वह हत्प्रभ मुखाकृति

जब जीवन में तुमने प्रथम बार जाना

कि तुम्हारी सीमित, स्नेहपूर्ण, तुम पर न्योछावर होती

दुनिया से परे

कोई तुम्हारे उस गुब्बारे को छीन कर

तुम्हारी संरक्षित परिधि को बींधेगा

तुम से संघर्ष करेगा, तुम से टकराएगा

और उस दिन अनायास ही तुम जीवन के

उस अपरिमित मार्ग पर चल पड़े

दूसरों के साथ चलते

दूसरों से संघर्ष करते

अपनी एक अनूठी भाषा रचते

नए अर्थ खोजते

नयी सीमाओं, नए क्षितिजों को अन्वेषित करते

अपने पैरों की चाल और गति को नियत करते

अपने मन व हृदय की गहराई में उतर कर

हर छोटे कदम में वामनाकार बनते

उस सत्य को खोज पाने जो तुम्हारा अपना है

जिसे तुमने,अनुभव किया, गढ़ा गुना और आँका है

और यही तुम्हारा अपना सत्य, अपना संघर्ष

अपना गुंधना तुम्हें एक प्रकाश पुंज बनाएगा

और ऐसे ही यह एकल देव

एक अनूठा महादेव बनता जाएगा

और अपनी अनन्य आभा में जगमगाएगा

25
जीवन की पूर्णाहुति

क्या हमारा संबंध वर्तमान जीवन से भी परे है

मेरे इस जीवन के माता पिता,

मेरे इस जीवन के स्रोत।

मेरे सहोदर,

जिनसे मेरा संबंध जन्म से ही जुड़ गया

हम सब रक्त की धार से जुड़े

माता-पिता की संतान बन जन्मे

जुड़े जाति, धर्म के छत्र तले

हम अलग अलग

फिर भी रक्त से,शरीर के अनुबंधों से जुड़े

कहीं हमारी पहचान के अणु एक हैं

तुम मेरे सहचर

जो न जुड़े रक्त से

न शरीर के इतिहास से

जुड़े हो तो तन से मन से

वर्तमान के धर्म से कर्म से

शायद प्रारब्ध से

हमारी अलग अलग किंतु संपृक्त गठरियों का सफ़र

आज का और भविष्य का है

हमारी पहचान हमारे संयुक्त कर्मों की हवि

प्रज्ज्वलित हो साकार करेंगे

हमारा आज, कल और अनंत

मैं तुम्हें कितना जानती हूँ मेरी संतान

क्योंकि गर्भ थी मेरी पर तुम

मेरे अतीत के जाने अनजाने सब नातों से

और वर्तमान के सब कर्मों से जुड़ कर

अपने प्रारब्ध, और संबंधों के सूत्रों में बँध कर

अपनी ही नहीं मेरी भी

पीढ़ियों पुरानी पहचान को आगे ले जाओगे

अपने सत्यों के साथ

अहम् ब्रहमोऽस्मि को साकार करते

कौन हो तुम मेरे गुरु, मेरे संबंधी

मेरे सखा, मेरे सुहृद, मेरे सहकर्मी

जीवन के किन-किन पड़ावों पे

जुड़ कर संग

जीवन के कितने ही खट्टे मीठे पलों के साक्षी बन कर

मुझे कितने नए आयाम दिए।

मेरा आज......

कितनों से परिभाषित हो रहा है

मेरे जीवन की पूर्णाहुति में

कितनी ही आहुतियाँ प्रज्ज्वलित हैं।

-- जीवन का यज्ञ एकाकी हो ही नहीं सकता–

About the Book and Author

Achla Kukreti's poetry collection is an attempt to articulate in words, moments from one's communion with the inner self. While the thoughts and emotions born within take shape in the form of poetry, influenced by interpersonal relationships and the social and cultural environment of a particular language, they have the ability to resonate with thinking and feeling individuals beyond language. This collection includes poems originally written in Hindi, translated into English to reach a wider audience of poetry enthusiasts. The hope is that discerning readers will appreciate this collection, which is dedicated to Hindi and English readers who love poetry.

The author is not only a versatile writer and educator, has a rich educational background. Her early education took place in Kanpur, Uttar Pradesh, and later, she pursued higher education, including an M.A. in Hindi and English, B.Ed., and

M.Ed. Throughout her career, Achla has worked as a teacher, school principal, and educational coordinator in educational institutions. Her interests extend beyond the educational field into literature, writing, poetry, drama, and music.

Her literary contributions include poems published in prominent Hindi publications such as "Hans" and "Palika Samachar." She has also published a collection of poems titled "Baatein Kaisi Kaisi" in 2022. Proficient in both Hindi and English, Achla has a keen interest in language learning and its application, actively engaging with a large audience through her work. Her poetry reflects personal reflections,introspection and moments of dialogue, going beyond society and culture to connect with the essence of human experience..